DE LA TRANSMISSIBILI

AU SUCCESSEUR UNIVERSEL

DE

L'OBLIGATION ALIMENTAIRE

PAR

ALBERT BOURBEAU

DOCTEUR EN DROIT

AVOCAT GÉNÉRAL PRÈS LA COUR D'APPEL DE BESANÇON

OFFICIER D'ACADÉMIE

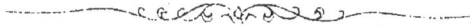

BESANÇON

IMPRIMERIE ET LITHOGRAPHIE DE J. JACQUIN

Grande-Rue, 14, à la Vieille-Intendance

1879

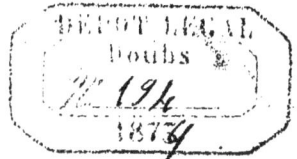

DE LA TRANSMISSIBILITÉ

AU SUCCESSEUR UNIVERSEL

DE

L'OBLIGATION ALIMENTAIRE

PAR

ALBERT BOURBEAU

DOCTEUR EN DROIT

AVOCAT GÉNÉRAL PRÈS LA COUR D'APPEL DE BESANÇON

OFFICIER D'ACADÉMIE

BESANÇON

IMPRIMERIE ET LITHOGRAPHIE DE J. JACQUIN

Grande-Rue, 14, à la Vieille-Intendance

1879

DE LA TRANSMISSIBILITÉ

AU SUCCESSEUR UNIVERSEL

DE L'OBLIGATION ALIMENTAIRE

La Cour d'appel de Besançon a rendu, le 8 juillet 1879, un arrêt par lequel elle a décidé que l'obligation alimentaire, entre ascendants et descendants, n'est pas transmissible aux héritiers ou successeurs universels de l'obligé. Il s'agissait, dans l'espèce, d'une demande formée par le père de l'obligé, qui réclamait contre sa belle-fille, légataire de la quotité disponible et de l'usufruit de la réserve (art. 1094 du Code civil), l'exécution d'un jugement qui lui avait accordé une pension alimentaire. L'arrêt de la Cour est fondé principalement sur ce que la nature de l'obligation alimentaire a un caractère purement personnel, et que la loi, en créant au profit de ceux qui ont droit à des aliments une réserve sur la succession de l'obligé, a limité par là même au décès de celui-ci le droit de demander des aliments. (Voir la *Gazette des Tribunaux* du 3 août 1879.)

L'examen de cette question nous a démontré que les auteurs opposés à cette opinion, aussi bien que ceux qui en sont partisans, avaient commis une erreur dans l'interprétation des arrêts qui ont statué sur la question de la transmissibilité à l'héritier de l'obligation alimentaire. Les uns et les autres ont dans leurs ouvrages présenté la jurisprudence favorable, jusqu'en 1857, à ce système de la transmissibilité.

Nous pensons avoir découvert la source de cette erreur, facile à combattre au moyen des arrêts nouveaux dont s'est enrichie la jurisprudence, et c'est le résultat de nos recherches que nous soumettons à ceux qui s'intéressent à la science du droit.

Les questions controversées qui sont nées de l'interprétation des articles 205 et suivants du Code civil, relatifs à l'obligation alimentaire entre ascendants et descendants, sont en assez grand nombre. Mais il faut remarquer que la plupart d'entre elles n'ont qu'un intérêt purement théorique, n'ont jamais été soumises aux tribunaux et ne le seront peut-être jamais. Quelques-unes, qui ont été soulevées dans la pratique, ont été l'objet d'une jurisprudence unanime, et ne présentent plus dès lors un intérêt sérieux à la discussion doctrinale. La question de la transmissibilité à l'héritier de l'obligation alimentaire offre ceci de particulier que, jusqu'en 1847, tous les auteurs, à l'exception d'un seul, M. Dalloz, ont été unanimes à soutenir le principe de la transmissibilité, en s'appuyant sur une jurisprudence qu'ils considéraient également comme favorable à leur opinion. La Cour de cassation et les Cours d'appel avaient, disait-on, maintes fois reconnu le principe de la transmissibilité. Or, le premier arrêt de cassation, le seul, d'ailleurs, qui existe sur cette question, est de 1857, et il est contraire à cette opinion. Un seul arrêt connu de Cour d'appel était favorable à la thèse de la transmissibilité, et il est critiqué même par les partisans de ce système. Nous verrons plus tard quelle peut être la valeur juridique de cet arrêt.

M. Dalloz, et après lui M. Demolombe, sont les premiers qui dans la doctrine aient soutenu, avec des arguments développés, la thèse de la non-transmissibilité de l'obligation alimentaire.

Dans la première édition de son *Traité du mariage et de la séparation de corps* (t. IV, n° 40), c'est avec une certaine hésitation que M. Demolombe a présenté un système aussi contraire à l'opinion généralement admise. « Cette opinion, dit-il en exposant le système de la non-transmissibilité, est très dure ; et cependant elle *serait* à mon avis la plus conforme aux vrais principes. » Plus loin : « Ces motifs me paraissent fort graves et, je le répète, théoriquement, cette doctrine *serait* à mes yeux la plus juridique. » Et enfin il constate, en terminant son argumentation, que cette opinion n'avait pas de partisans ; il semble l'abandonner pour chercher, parmi les différentes controverses, l'opinion qui lui paraît encore préférable. Dans les éditions postérieures à l'arrêt de 1857, le conditionnel a été remplacé par l'indicatif dans les verbes que nous avons soulignés.

M. Dalloz, dès 1833, avait protesté contre le principe de la transmissibilité, et dans le volume de l'année 1833, 2ᵉ partie, page 48, nous trouvons, dans un arrêt de la Cour de Nancy du 15 novembre 1824, consacrant cette opinion, la note suivante : « Cette décision ne nous paraît pas légale. — Quelle est la base de la dette alimentaire ? Les liens de la nature ; dès lors le jugement ne crée pas l'obligation, il ne fait qu'en déterminer l'étendue et accorde titre exécutoire pour la faire payer ; mais de là il suit pareillement que la dette est toute personnelle et s'éteint au décès de celui qui la doit. A cette époque, la loi accorde un autre droit à l'ascendant sur la succession de son enfant; elle établit une réserve en sa faveur, réserve qui est plus étendue selon que l'enfant aura laissé ou non des descendants. Mais à cette réserve se trouve limité le droit du père, encore bien que (ce qui arrivera rarement) elle lui donnerait moins que la pension fixée par le tribunal. D'ailleurs, s'il existe des descendants ou des frères et sœurs, le père pourra s'adresser à eux pour avoir des aliments. S'il n'y a que des étrangers (et par ce mot on entend tous ceux qui ne sont pas tenus de la dette alimentaire), la réserve du père s'accroît d'un certain droit de jouissance, et l'on doit penser que cette transformation d'un droit personnel et variable en un droit réel et déterminé lui sera pécuniairement plus avantageuse. Telle nous paraît être la conséquence à laquelle conduit une exacte interprétation de la loi, qui, lorsqu'elle a déterminé la réserve du père, a dû avoir égard pareillement aux obligations souvent impérieuses et sacrées qu'un fils pouvait avoir à remplir, et qui n'a pas voulu que le droit du père fût plus ou moins grand, selon qu'il aurait mis plus ou moins de célérité à se faire adjuger des aliments par le tribunal. »

Nous avons voulu citer entièrement cette note, qui montre les critiques que l'on pouvait adresser, non-seulement à l'opinion qui admet dans tous les cas la transmissibilité de la dette alimentaire, mais encore à l'opinion qui ne l'admet qu'autant que cette dette alimentaire a été fixée par un jugement.

C'est qu'en effet les distinctions professées par les partisans de la transmissibilité de la dette alimentaire ne sont pas les moindres objections contre ce système. Les uns admettent que la dette est transmissible à la succession dans tous les cas, même lorsque le dénuement du parent n'est né que postérieurement au décès de l'obligé. D'autres ne l'admettent qu'autant qu'il y a un ju-

gement ou un traité. Enfin d'autres encore pensent qu'il
suffit que la dette soit née avant le décès de l'obligé.

Si l'on examine la jurisprudence, on ne trouve que
peu d'arrêts qui se rapportent complètement à la question qui nous occupe. Le plus grand nombre d'entre eux
s'appliquent au conjoint réclamant des aliments contre
la succession du conjoint prédécédé, hypothèse qui n'a
qu'un rapport indirect avec l'obligation qui peut naître
des articles 203 et suivants du Code civil. Nous n'avons
trouvé, comme nous l'avons dit en commençant, s'appliquant spécialement à la question de l'obligation alimentaire entre les personnes dénommées dans ces articles, qu'un seul arrêt de Cour d'appel; il a été rendu par
la Cour de Nancy le 15 novembre 1824, et il est ainsi
conçu : « Considérant qu'à l'époque de la mort de la
femme Martin, le droit de Michel père à une pension
alimentaire se trouvait déjà fixé par le jugement qu'il
avait obtenu contre elle à la date du 9 août 1819 ; que
par conséquent l'acquittement de cette obligation est
devenu une charge de la succession de sa fille ; qu'ainsi
Nicolas Martin, son gendre, en qualité de légataire uni-
versel de cette dernière, ne peut, malgré la cessation de
l'affinité précédemment existante, se dispenser de conti-
nuer à Michel père le service d'une pension alimentaire ;
confirme. »

Cet arrêt, il est facile de le comprendre, n'a pas une
grande valeur juridique. En premier lieu, il ne tranche
pas, à proprement parler, la question du principe de
transmissibilité, puisqu'il la subordonne à une question
de chose jugée ; d'autre part, ainsi que nous l'avons dit,
il est critiqué par les partisans mêmes de la transmissibilité, qui se demandent, ainsi que M. Demolombe, si
on peut induire de cet arrêt que les juges n'auraient pas
admis la demande si les besoins étaient déjà nés du

. vivant même de l'obligé, et s'il n'y avait pas eu de jugement fixant le *quantum* de la pension alimentaire. Il
est évident qu'on ne peut savoir quelle eût été l'opinion
des juges de la Cour de Nancy en l'absence de jugement,
mais il est certain que l'arrêt semble ne s'appuyer que
sur l'existence d'un jugement antérieur.

Tel est, au moment où M. Demolombe est venu combattre le système de la transmissibilité de l'obligation
alimentaire, le seul document judiciaire qui puisse être
invoqué en faveur de cette opinion. Cependant les auteurs partisans de ce système ont invoqué d'autres
arrêts ; mais nous allons démontrer qu'il n'est pas possible de les interpréter comme on l'a fait. Est-il possible,
en effet, de comprendre parmi les arrêts qui ont statué
sur la question ceux qui se rapportent à l'obligation alimentaire entre époux, et notamment celui de la Cour
d'Amiens du 28 mai 1825, qui se rapporte à des époux
divorcés, dont l'un a été condamné à payer à l'autre une
pension alimentaire par application de l'article 301 du
Code civil? Il serait étrange, certainement, d'assimiler à
l'obligation qui naît du mariage une obligation de même
nature, il est vrai, mais qui naît du quasi-délit de l'é-
poux contre lequel le divorce a été prononcé. L'arrêt de
la Cour de cassation du 8 janvier 1806 (Sirey, 1806, I,
202) serait plus utilement invoqué, car il s'applique à
une pension alimentaire due à l'un des époux divorcés
par application de l'article 8 du § 3 de la loi du 25 septembre 1792, par lequel des arbitres de famille pouvaient,
dans tous les cas de divorce, attribuer une pension alimentaire à l'époux divorcé qui se trouvait dans le besoin. Cet arrêt déclare qu'il suffit que le besoin soit né
au moment où le divorce a lieu, pour que le droit existe
et soit exigible sur la succession de celui des époux qui
devait la pension alimentaire. Il reste à savoir quelle

autorité peut avoir dans notre droit moderne un arrêt aussi ancien, faisant l'application d'une loi dont les dispositions ont donné naissance à l'article 301 de notre Code civil et n'étaient probablement appliquées que dans le cas prévu par cet article ; car, bien que l'article 8 déclare qu'une pension alimentaire puisse être accordée dans tous les cas de divorce, il est fort douteux que des arbitres de famille aient jamais consenti à donner une pension alimentaire à celui des époux qui, par sa conduite, avait déterminé son conjoint à demander le divorce. Il est en outre assez difficile d'admettre que cette obligation, qui ne dérivait pas directement de la loi, puisqu'elle prenait naissance par le jugement des arbitres, ait quelque rapport avec l'obligation qui naît des articles 212 et suivants de notre Code civil et que le jugement qui en fixe le *quantum* ne fait que constater. A notre avis, c'est là surtout ce qui différencie et empêche toute assimilation entre les cas où la pension est due en vertu d'un jugement, que les magistrats étaient libres ou non de rendre (comme dans le cas de divorce par application de l'article 301 du Code civil ou 8 de la loi du 25 septembre 1792), et ceux où les magistrats sont tenus de déterminer le *quantum* de la dette dès que la preuve des besoins de l'une des parties a été apportée, en même temps que la démonstration de la possibilité de la prestation alimentaire par l'autre partie. Rien d'extraordinaire à ce que, dans le premier cas, la dette alimentaire soit transmissible par hérédité, puisqu'elle est née d'un contrat judiciaire ayant pour base le quasi-délit de l'une des parties, tandis que dans le second cas la dette née directement de la loi, en raison d'un lien de parenté ou d'affinité, doit nécessairement s'éteindre en même temps que ce lien.

En revanche, si un seul document de jurisprudence

*

applicable existait en 1847, tous les auteurs professaient une doctrine unanime sur le principe de la transmissibilité ; ils n'étaient divisés que sur l'application du principe aux diverses hypothèses qui pouvaient se présenter. Devait-on l'admettre, alors que les besoins de la personne ayant droit à une pension alimentaire étaient nés postérieurement au décès de celui qui y aurait été obligé de son vivant? Cette opinion, assez extraordinaire et combattue par la presque généralité des auteurs, a été cependant soutenue par Delvincourt, Duranton et Proudhon. Aucune décision de jurisprudence ne peut être invoquée en faveur de ce système, dont Delvincourt est l'auteur. Ce système a une base évidemment fausse ; il considère l'obligation alimentaire comme une obligation *conditionnelle*, dont la condition est l'indigence du parent, et il l'assimile à une obligation conventionnelle par laquelle une personne se serait engagée à fournir des aliments à une autre lorsque celle-ci se trouverait dans le besoin ; cette obligation passerait aux héritiers, quand même les besoins du créancier ne seraient pas nés avant le décès de l'obligé ; donc il en doit être de même de l'obligation légale. Mais la nature même de l'obligation alimentaire démontre l'impossibilité de l'assimilation de cette obligation légale avec une obligation contractuelle.

Le second système, qui consiste à soutenir que l'obligation alimentaire n'est transmissible que dans le cas où les besoins sont nés avant le décès de l'obligé, se subdivise lui-même : pour les uns, il faut non seulement que les besoins soient nés, mais encore qu'il y ait un jugement ou un traité ; pour les autres, il suffit que les besoins soient nés. C'est ce dernier système qui a prévalu chez les auteurs. MM. Vazeille (t. II, n° 225) et Rolland de Villargues (*Rép. du notariat*, v° Aliments, n°s 24 et 25)

ont soutenu le premier, qui semble s'appuyer sur l'arrêt
de la Cour de Nancy du 15 novembre 1824 que nous
avons cité. Il faut reconnaître, d'ailleurs, que si l'on
admet la transmissibilité de la dette dans le cas où les
besoins sont nés avant le décès de l'obligé, il serait assez
étrange et assez illogique de forcer un père à obtenir
contre son fils un jugement qui lui confère des aliments,
alors que ces aliments ne lui sont pas refusés. Ce n'est
pas le jugement qui crée la dette ; elle est préexistante,
le jugement ne fait que la constater. Cette opinion est
soutenue par MM. Aubry et Rau, sur Zachariæ, MM. Marcadé, Demante et Mourlon.

Ainsi donc, voilà la situation de la question en doctrine et en jurisprudence. Jusqu'en 1846, un seul auteur,
M. Dalloz, s'est élevé contre la transmissibilité de la
dette alimentaire. Après 1846, il est soutenu par M. Demolombe. Jusqu'en 1855, un seul arrêt, celui de Nancy,
peut être invoqué d'une manière absolue ; à côté de cet
arrêt viennent se ranger plusieurs autres arrêts qui,
ainsi que nous l'avons dit, ne se réfèrent point à la question et sont assez improprement appelés à soutenir la doctrine des auteurs. En 1855, la Cour d'Orléans (1) rejette le
principe de la transmissibilité, et la Cour de cassation (2),
appelée à statuer *pour la première fois* sur cette question,
rejette le pourvoi. La Cour de Toulouse, le 20 mars 1866
(D., 66, 5, 22), a déclaré également que le légataire uni-
versel n'est pas tenu de fournir aux ascendants du testa-
teur des aliments sur la succession. Enfin, la Cour de
Besançon vient de déclarer de même (arrêt du 8 juillet
1879, Morel contre veuve Morel) que l'obligation de la
dette alimentaire n'est pas transmissible aux héritiers,

(1) D. P., 1855, 2, 259.
(2) D. P., 1857, 1, 351.

alors même qu'il y a un jugement passé en force de chose jugée. Chose étrange! ce fait, sur lequel la Cour de Besançon a statué, est formellement prévu par Proudhon (*De l'usufruit*, t. IV, n° 1819), qui donne une solution contraire. Cette dernière doctrine, qui paraît être définitivement admise par la jurisprudence, nous semble être la plus conforme aux principes du droit, et c'est sur nos conclusions que l'arrêt a été rendu.

Lorsqu'on réfléchit aux motifs qui avaient fait admettre l'opinion contraire, on est surpris de voir qu'ils sont fondés uniquement sur ce qu'en général ce sont les ascendants qui sont demandeurs en pension alimentaire contre la succession de leurs enfants ou petits-enfants ; dès lors on est favorablement impressionné, et l'on se rappelle que le droit romain, qui avait pourtant fait de l'obligation alimentaire une dette absolument personnelle, avait admis une exception en faveur du père indigent. *Item rescriptum est, hæredes filii ad ea præstanda quæ vivus filius ex officio pietatis suæ dabit, invitus cogi non oportere, nisi in summam egestatem pater deductus est.* (Loi 5, § 17, Dig. *De agnoscendis et alendis liberis.*) Si l'on change les rôles, et si le fils qui a mangé sa légitime avait obtenu un jugement condamnant son père à lui fournir des aliments, admettrait-on un seul instant qu'il pût en demander à ses frères et sœurs ou aux héritiers de la quotité disponible? Cependant les raisons sont les mêmes. Ainsi le prodigue qui aurait dissipé son patrimoine, qui aurait non seulement absorbé la réserve, mais même la quotité disponible, aurait encore le droit de prélever une nouvelle réserve au préjudice de ses frères et sœurs, sous prétexte de pension alimentaire! Ce serait là cependant la conséquence naturelle de l'application du principe de la transmissibilité. Si même on admettait le système de Delvincourt, à quelque moment que se produiraient les besoins du fils, il aurait droit de demander aux successeurs universels de son père le paiement de la dette alimentaire à laquelle celui-ci aurait pu être condamné de son vivant. On voit qu'un pareil système ne tendrait à rien moins qu'à modifier complètement le texte de la loi.

Le premier motif du système adopté par la doctrine est donc un motif purement d'humanité, peut-être d'équité, mais non de principe juridique. Cette doctrine a commis une autre erreur lorsqu'elle s'est appuyée sur une jurisprudence qu'elle nous paraît à tort avoir considérée comme favorable à son système. En réalité, il est impossible d'invoquer un autre arrêt que celui de la Cour de Nancy du 15 novembre 1824, qui a statué directement sur cette matière. Tous les autres arrêts, à commencer par celui de la Cour de cassation du 8 janvier 1806, jusqu'à l'arrêt de la même Cour du 12 décembre 1848, sont relatifs à l'obligation alimentaire entre époux. Or, nous avons dit déjà qu'il devait y avoir une différence entre l'obligation alimentaire qui peut exister entre ascendants et descendants et celle qui peut exister entre époux. Celle-ci, en effet, peut naître de l'article 212, et l'on fait application à cette obligation des dispositions des articles 205 et 206. D'autre part, l'obligation alimentaire entre époux divorcés (avant la loi de 1816) ou séparés de corps peut naître de l'article 301 au profit de l'époux qui a obtenu le divorce ou la séparation de corps. Bien que certains jurisconsultes aient voulu restreindre l'article 301 au divorce, la Cour de cassation, par de nombreux arrêts, dont quelques-uns sont récents, l'a déclaré applicable en matière de séparation de corps. Or, les auteurs ont confondu ces deux éléments de la pension alimentaire entre époux, et, de ce que les arrêts la déclarent transmissible aux héritiers dans le cas où elle est accordée en vertu des dispositions de l'article 301, ils en ont conclu que ces arrêts énonçaient le principe général de la transmissibilité de la dette alimentaire. C'est ainsi que M. Marcadé, sur l'article 207, sans même s'occuper de l'opinion contraire, appuie le système de la transmissibilité sur l'arrêt du 12 décembre 1848 qui, précisément, fait ressortir cette distinction. D'autres arrêts plus récents de la Cour de cassation, du 2 avril 1861 (D. P., 1861, 1, 97) et du 7 avril 1873 (D., 74, 1, 342), ont établi cette distinction de la manière la plus claire. Les époux séparés ont donc deux actions pour obtenir des aliments : l'une établit une obligation réciproque, elle naît de l'article 212 et existe au profit même de l'époux contre lequel la séparation a été obtenue ; celle-là participe de la nature de l'obligation alimentaire des articles 203 et suivants ; elle est réciproque et proportionnelle aux besoins ; elle est réductible, et enfin elle s'éteint par le décès de l'obligé. (Dijon, 17 août 1860. S., 1860, 2, 560.) L'autre action naît de l'article 301. Elle repose sur le quasi-délit de l'époux contre lequel la séparation a été obtenue. Ce n'est plus une obligation légale que les juges sont tenus simplement de sanctionner, comme l'obligation alimentaire qui naît des articles 212 et 203 ; ils ont le droit, non seulement de fixer le *quantum* de la condamnation, mais encore de la refuser ; cette obligation est alors transmissible aux héritiers de l'époux débiteur, et l'était dans notre ancien droit pour les époux divorcés sous l'empire de la loi de 1792. La Cour de Besançon a même décidé, par un arrêt du 20 brumaire an xiv (1), que, dans le cas de divorce, la pension accordée n'est sujette ni à réduction ni à augmentation. Et, nous devons le déclarer,

---

(1) DALLOZ, Rép., v° *Mariage*, n° 639. Un arrêt de Paris, 10 février 1816, est conforme à ce système.

nous croyons que cette décision devrait être un principe
de jurisprudence. Sans doute l'arrêt de la Cour de cassation du 12 décembre 1848 (1) semble reconnaître que la
pension alimentaire accordée en vertu de l'article 301
peut être réduite par le juge. Mais, sans vouloir entamer
une discussion sur ce point, et même en l'admettant
comme une opinion soutenable, nous croyons devoir
faire remarquer qu'en réalité la Cour de cassation n'était
point saisie de la question d'irréductibilité; la femme
séparée qui avait eu gain de cause en première instance,
au point de vue du maintien partiel de la pension qui lui
avait été accordée, ne s'était point pourvue contre l'arrêt;
dès lors, la Cour de cassation ne faisait que confirmer dans
son arrêt la jurisprudence d'une cour ou d'un tribunal
sur le point spécial de la transmissibilité de l'obligation,
sans avoir à statuer sur une question dont elle n'était
pas saisie, celle de l'irréductibilité de la pension, question qui peut être l'objet d'une contestation.

Si nous revenons à notre sujet, nous pouvons voir que
la confusion était facile entre les deux espèces de pension
alimentaire accordée aux époux séparés de corps. Mais
l'on n'a qu'à se reporter aux arrêts invoqués en faveur
du principe de la transmissibilité, et l'on verra que tous
ces arrêts se rapportent à l'application de l'article 301 du
Code civil. (Rej., 18 juillet 1809. Amiens, 28 mai 1825.
Ch. C., 12 décembre 1848.) C'est en vain que l'on préten-
drait que la coexistence de deux droits sur la même tête
est inutile; la différence qui existe entre chacune des
actions alimentaires appartenant aux époux séparés de
corps est capitale, puisque l'une s'éteint en même temps
que l'obligé, tandis que l'autre lui survit. Il n'est pas,
d'ailleurs, exact de prétendre que les deux actions appar-

(1) D. P., 1852, 5, 20.

tiennent à la même personne ; s'il s'agit de l'époux qui a obtenu la séparation de corps, il n'a que l'exercice de l'action résultant de l'article 301. Si, au contraire, c'est l'époux en faute qui est dans le besoin, il peut demander des aliments, mais seulement en vertu de l'article 212, et alors l'obligation de l'autre époux a un tout autre caractère.

Malgré l'arrêt de 1857, quelques auteurs, notamment MM. Aubry et Rau, sur Zachariæ, ont persisté dans leur opinion première sur la transmissibilité de l'obligation alimentaire entre ascendants et descendants. Ils s'appuient, pour maintenir leur opinion, sur les dispositions de l'article 762, qui a conféré aux enfants adultérins et incestueux une créance alimentaire sur la succession de leurs parents. Ils en concluent que le législateur ayant admis la transmissibilité héréditaire de cette obligation alimentaire dans le cas particulier, n'a pas dû en excepter l'obligation alimentaire des articles 203 et suivants.

Tout d'abord on peut répondre à cette objection que la précaution prise par le législateur de formuler la transmissibilité de l'obligation alimentaire dans le cas des enfants adultérins ou incestueux, démontre qu'il s'agit là d'une exception qui, par suite, confirme la règle de la non-transmissibilité. Mais on peut surtout remarquer qu'il serait assez étrange d'appliquer, en matière d'obligations naissant du mariage, un principe édicté pour des enfants qui précisément sont nés hors du mariage et dont la condition est inférieure à celle des enfants naturels. D'ailleurs, le motif principal invoqué par les partisans de la non-transmissibilité est que la loi ayant institué une réserve pour les personnes qui ont droit à la créance alimentaire, il n'est pas permis d'augmenter cette réserve. Or, les enfants adultérins et incestueux n'ont droit à aucune réserve autre que leur créance alimentaire. Cette créance ne saurait d'autre part avoir les mêmes caractères que celle qui prend naissance dans les articles 203 et suivants. Elle ne serait pas réductible une fois qu'elle a été accordée, soit du vivant du père par le père lui-même, soit après sa mort par un jugement qui en fixerait le *quantum*. Par conséquent, l'argument tiré des articles 762 et suivants pour soutenir la thèse de la transmissibilité ne nous paraît pas assez sérieux pour détruire ceux qui ont été invoqués dans les arrêts qui ont statué sur la question dans le sens opposé. On peut encore ajouter que la reconnaissance de la filiation adultérine ou incestueuse ne peut avoir lieu que dans des cas exceptionnels, puisqu'elle est défendue en principe. Il paraît donc difficile de tirer d'un fait sortant du droit commun un argument sur ce que le législateur a voulu établir comme règle générale.

Il nous reste à faire une dernière observation sur cette question au point de vue de la transmissibilité de la dette alimentaire. Ne doit-il pas y avoir une différence suivant que c'est un jugement ou un traité qui a fixé la pension alimentaire ? S'il s'agit d'un jugement, nous sommes d'accord avec la jurisprudence pour admettre que l'obligation s'éteint avec l'obligé ; mais s'il y a eu un traité, il nous semble que ce fait a changé la nature de l'obligation ; d'une obligation légale, il y a eu transformation en une obligation conventionnelle, et dès lors il y aurait lieu d'appliquer à cette obligation les termes de l'article 1122, ce qu'on ne peut faire à l'obligation légale. Il nous paraît certain que dans le cas où il y aurait un traité, ce sont les termes mêmes de la convention qui feront la loi des parties, et que, par suite, il ne faut pas confondre les deux cas qui peuvent se présenter.

En résumé, il serait donc inexact de dire que l'obliga-

tion alimentaire n'est jamais transmissible aux héritiers. Si elle est fondée sur les dispositions de l'article 205, c'est-à-dire sur un lien de parenté ou d'affinité, elle s'éteint en même temps que la base de l'obligation ; si elle a une autre origine, telle que le quasi-délit de celui qui la doit, ou une disposition légale qui déclare la transmissibilité, comme dans l'article 762 du Code civil, elle devient transmissible.

En étudiant cette question, nous avons voulu arriver à une classification de la jurisprudence en cette matière, classification que M. Demolombe reconnaissait comme assez difficile à faire. Grâce aux nouveaux arrêts qui sont intervenus depuis l'époque où M. Demolombe éditait pour la première fois son *Traité du mariage*, arrêts qui ont empêché la confusion déjà existante de s'augmenter encore, la classification est devenue facile. En matière de pension alimentaire dont le droit est né par application des articles 205 et suivants, il existe 1° l'arrêt de la Cour de Nancy du 15 septembre 1824 ; cet arrêt déclare la pension transmissible aux héritiers de l'obligé lorsqu'il y a un jugement passé en force de chose jugée ; 2° l'arrêt de la Cour d'Orléans du 24 novembre 1855, déclarant la non-transmissibilité ; 3° l'arrêt de la Chambre civile sur le pourvoi précédent du 8 juillet 1857 et rejetant le pourvoi ; 4° l'arrêt de la Cour de Toulouse du 20 mars 1866, qui rejette le principe de la transmissibilité, alors que les besoins sont nés et qu'il n'y a pas de jugement, mais déclarant que l'obligation alimentaire est personnelle, et 5° l'arrêt de la Cour de Besançon du 8 juillet 1879 édictant le même principe.

D'autre part viennent se placer les arrêts se rapportant à l'obligation alimentaire entre époux divorcés ou séparés de corps : 1° arrêt de cassation du 8 janvier 1806, qui se rapporte à une pension alimentaire accordée à un époux divorcé après le décès de l'autre époux, par cela seul que les besoins sont nés (art. 8 de la loi du 25 septembre 1792); 2° arrêt de la Cour de cassation du 18 juillet 1809, accordant contre les héritiers la reprise de l'instance engagée contre le débiteur de la pension (même loi); 3° arrêt de la Cour d'Amiens du 28 mai 1825, transmettant aux héritiers l'obligation alimentaire accordée par l'article 301 C. civ. à l'époux qui a obtenu le divorce (1) ; 4° arrêt de la Cour de cassation du 12 décembre 1848, appliquant l'article 301 à la séparation de corps et jugeant comme l'arrêt précédent ; 5° arrêt de la Cour de cassation du 2 avril 1861, cassant un arrêt de la Cour de Caen du 17 juin 1859, lequel arrêt déclarait l'article 301 inapplicable à la séparation de corps et la pension alimentaire éteinte au décès de l'obligé. La Cour de cassation renvoya l'affaire devant la Cour de Rouen, qui, le 30 juillet 1862 (2), rendit un arrêt conforme à la doctrine de la Cour de cassation ; 6° arrêt de la Cour de Dijon du 17 juillet 1860, enfin 7° arrêt de la Cour de cassation du 7 avril 1873, précédé dans le recueil de M. Dalloz (1874, I, p. 342) d'un rapport de M. le conseiller Dagallier, où se trouve exposée la doctrine de la Cour de cassation, qui fait, ainsi que la Cour de Dijon dans son arrêt du 17 juillet 1860, la distinction entre le cas où les aliments sont dus par suite de l'application de l'article 301 ou des articles 213 et 205 du Code civil. Tous ces arrêts déclarent l'obligation alimentaire entre époux transmissible lorsqu'il s'agit de l'application de l'article 301, non transmissible lorsque c'est l'article 212 qui est appliqué.

(1) DALLOZ, Rép., v° *Mariage*, n° 652.
(2) D. P., 1864, 2, 238.

Par suite de cette classification nouvelle, on voit combien il était facile aux auteurs qui confondaient ces espèces, de se méprendre sur la valeur de la jurisprudence sur laquelle ils appuyaient un système qui est certainement contraire aux principes juridiques. En évitant la confusion des espèces, on peut voir qu'en réalité un seul arrêt, qui se borne à déclarer qu'un jugement est applicable à des héritiers sans s'occuper de ce qui fait l'objet du jugement, vient faire tache dans les arrêts qui ont traité directement la question. Dès qu'en effet cette question a été discutée, on a reconnu que, sauf de rares exceptions, spécialement prévues par le législateur, l'obligation alimentaire ne pouvait être qu'une obligation personnelle, et qu'en l'étendant, soit par un sentiment de générosité, soit par une fausse interprétation de la jurisprudence, au delà de la personne obligée, on faisait œuvre de législateur et non d'interprète de la loi.

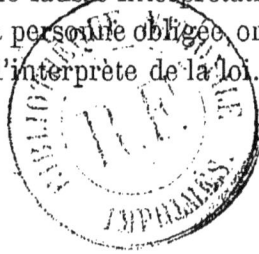

BESANÇON, IMPR. DE J. JACQUIN.

9 7 8 2 0 1 1 2 8 7 5 0 2